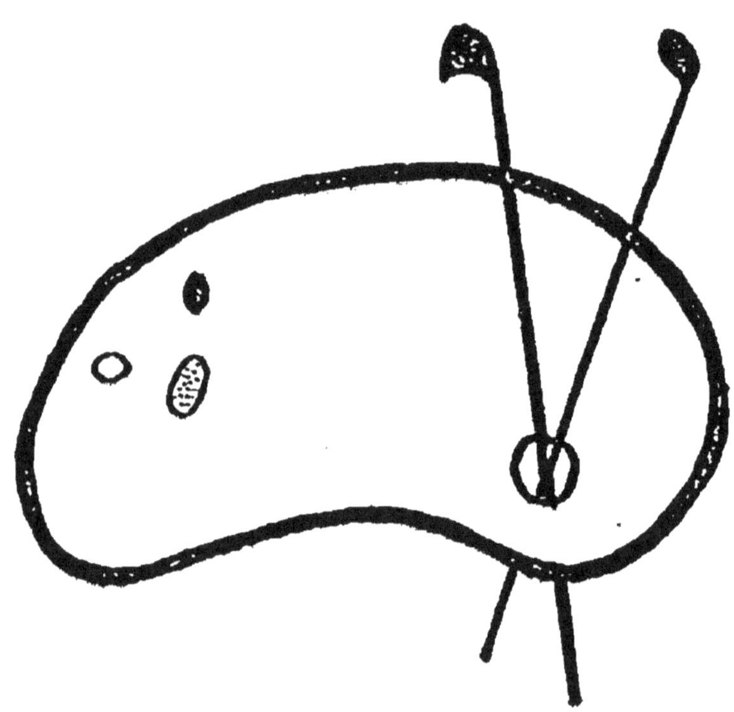

DEBUT D'UNE SERIE DE DOCUMENTS
EN COULEUR

# NOTES POUR SERVIR A L'HISTOIRE

DE

# L'ANNEXION DE L'ALSACE-LORRAINE

LES DERNIERS DÉPUTÉS ÉLUS SOUS LE RÉGIME FRANÇAIS

ET

LES PREMIERS DÉPUTÉS CHOISIS SOUS LE RÉGIME ALLEMAND

(1871 - 1874)

PAR

ÉDOUARD TEUTSCH

ANCIEN DÉPUTÉ

NANCY

IMPRIMERIE BERGER-LEVRAULT ET Cie

18, RUE DES GLACIS

1893

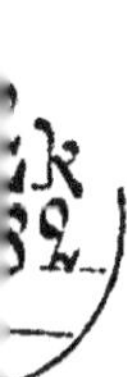

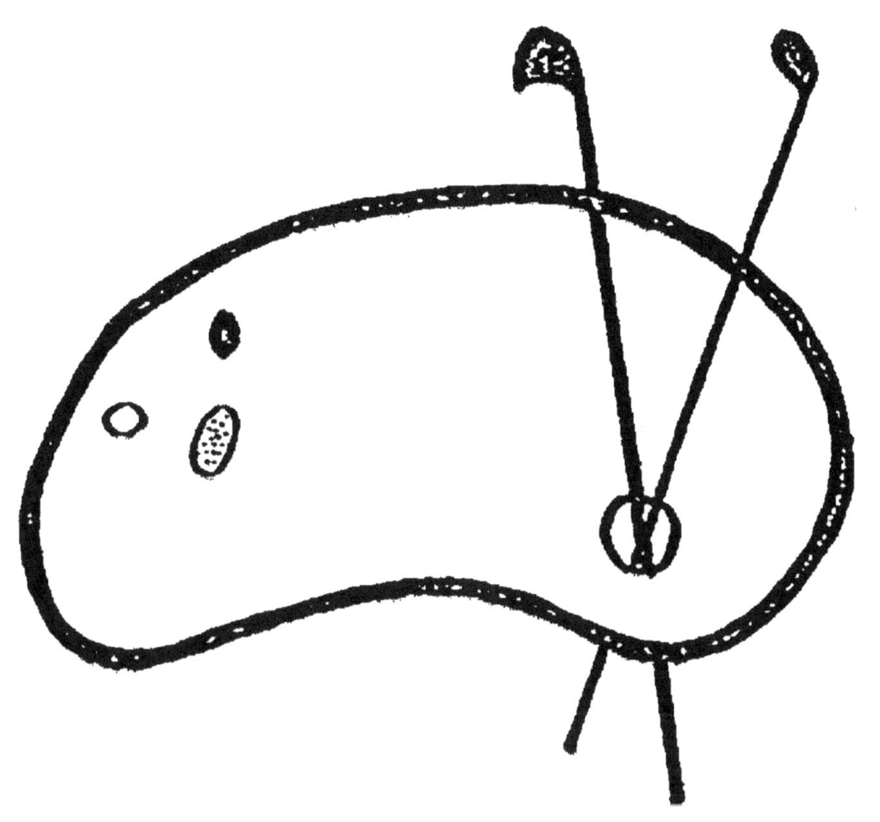

FIN D'UNE SERIE DE DOCUMENTS
EN COULEUR

*A Monsieur*

# NOTES POUR SERVIR A L'HISTOIRE

DE

# L'ANNEXION DE L'ALSACE-LORRAINE

LES DERNIERS DÉPUTÉS ÉLUS SOUS LE RÉGIME FRANÇAIS

ET

LES PREMIERS DÉPUTÉS CHOISIS SOUS LE RÉGIME ALLEMAND

(1871 - 1874)

PAR

ÉDOUARD TEUTSCH

ANCIEN DÉPUTÉ

NANCY

IMPRIMERIE BERGER-LEVRAULT ET Cie

18, RUE DES GLACIS

1893

# A MES ENFANTS

Sous le règne de Napoléon III, lorsque la liberté sommeillait en France et que l'asservissement du peuple préparait la catastrophe qui, plus tard, m'a arraché de mes foyers, à cette époque néfaste, où l'indépendance et le courage politique faisaient généralement défaut, j'ai, un des premiers dans le département du Bas-Rhin, relevé la tête et montré à mes concitoyens les dangers de la situation. Les efforts de cette nature étaient malheureusement trop rares ; et le plébiscite du 8 mai 1870 a donné une nouvelle force à l'Empire. Bientôt la guerre de 1870 est venue avec ses suites terribles ; et moi, que le gouvernement de Napoléon, s'il avait triomphé, eût proscrit comme républicain, je n'ai échappé à cette misère que pour en subir une autre, mille fois plus cruelle, la perte de ma nationalité française. Dans la période d'épreuves commencée en 1871, j'ai, du moins, eu la consolation de voir mes concitoyens d'Alsace me donner des preuves éclatantes de l'estime et de la confiance que j'avais su leur inspirer. En 1871, le Bas-Rhin dut pour la dernière fois se faire représenter au Parlement français ; et, en 1874, le même département, annexé, eut à élire ses premiers députés au Parlement allemand. Dans le pays aujourd'hui appelé l'Alsace-Lorraine, je suis le seul qui ait eu l'honneur périlleux d'être appelé à chacun des deux postes de combat. Ce double honneur, que je n'avais point recherché et que le corps électoral avait, pour ainsi dire, imposé à mon dévouement, cet honneur me conférait de grands devoirs. Comment les ai-je accomplis? J'ai pensé, mes enfants, que, vers la fin de ma carrière, je vous devais, à ce sujet, les quelques notes qui vont suivre; elles rappellent des événements importants et trop peu connus, auxquels je me suis trouvé intimement mêlé; et elles vous feront voir de quelle main ferme j'ai tenu le drapeau dont, en 1874, j'avais spécialement la garde. Quand je vous aurai légué ces souvenirs, j'aurai, je pense, une garantie de plus, que vous conserverez pieusement ma mémoire; tel est le but principal de mon récit.

Depuis la guerre désastreuse de 1870-1871, et aujourd'hui plus que jamais, les gouvernements de l'Europe, sans aucune exception, proclament à l'envi leur amour de la paix; mais, phénomène singulier, ces protestations amicales atteignent généralement leur plus grande intensité au moment précis où les ministres de la guerre demandent au Parlement de leur pays le vote de nouveaux millions, pour multiplier leurs engins meurtriers et pour grossir de milliers de soldats leurs armées si formidables déjà. La paix, ainsi comprise, finira inévitablement par épuiser et par ruiner notre vieux continent. Et qui oserait affirmer que, malgré tout, une étincelle imprévue ne viendra pas, un jour ou l'autre, allumer cette nouvelle guerre, dont chacun repousse par avance la responsabilité? La conflagration, alors, sera d'autant plus facile, qu'on s'y sera longuement et savamment préparé; et l'on assistera, en pleine civilisation, à la tuerie la plus effroyable qu'aient jamais enregistrée les annales de l'humanité. Mes *Notes* vous apprendront, mes enfants, que, il y a dix-neuf ans déjà, j'ai, du haut de la tribune du Parlement de Berlin, appelé sur ce danger l'attention de l'Allemagne et de l'Europe. Apôtre sincère de la paix, *mais d'une paix sérieuse, c'est-à-dire digne et honorable pour tous,* j'ai, en 1874, indiqué le remède, en même temps que je signalais le mal. Puissé-je, avant ma fin, voir encore ou au moins entrevoir la paix sérieuse que je rêve !

Édouard TEUTSCH.

Nancy. — Septembre 1893.

# NOTES

POUR SERVIR A

# L'HISTOIRE DE L'ANNEXION

## DE L'ALSACE-LORRAINE

Le 28 janvier 1871, le gouvernement de la Défense nationale, établi dans la ville de Paris assiégée, et les représentants des souverains allemands, installés à Versailles, convinrent d'un armistice entre les armées belligérantes. L'acte signé à ce sujet portait que la France élirait librement une assemblée, et que celle-ci se réunirait à Bordeaux. Le lendemain, 29 janvier, le gouvernement de la Défense nationale rendit donc un décret, immédiatement inséré, à Paris, au *Journal officiel*, et qui convoquait les collèges électoraux. Ce décret, au bas duquel on trouve les signatures de MM. le général Trochu, Jules Favre, Jules Ferry, Jules Simon, Ernest Picard, Eugène Pelletan, Garnier-Pagès, Emmanuel Arago, fixait les élections, pour l'Assemblée nationale, au dimanche, 5 février, dans le département de la Seine, et au mercredi, 8 février, dans le reste de la France. Le vote devait avoir lieu par département, au scrutin de liste, conformément à la loi du 15 mars 1849; et chaque département était appelé à élire le nombre de députés déterminé par un tableau qu'on avait arrêté dès le 15 septembre 1870. Le décret du 29 janvier 1871 indiquait la date du 12 février pour la réunion, à Bordeaux, de l'Assemblée nationale.

Une instruction du 30 janvier 1871, signée par M. Jules Favre, ministre de l'Intérieur, et approuvée par le Gouvernement, régla certains détails qui intéressaient les seuls départements occupés par les armées allemandes. Ainsi, pour remédier à l'absence de préfets et de sous-préfets français, les maires des chefs-lieux de ces départements furent invités à se mettre, de suite, en rapport avec leurs collègues des chefs-lieux d'arrondissement, et ceux-ci avec les maires des chefs-lieux de canton et des communes. Il était annoncé que le vote, par scrutin de liste, aurait lieu à la majorité relative, et que, à raison des obstacles créés par la guerre, ce vote serait valable, quel que fût le nombre des votants. Les procès-verbaux d'élection, dressés dans chaque section, devaient être envoyés au maire du chef-lieu de département, où s'opérerait le dépouillement définitif et où aurait lieu la proclamation du vote.

Les ampliations des actes dont il vient d'être question ne parvinrent que très tard dans les départements menacés d'annexion; et le maire de Strasbourg, entre autres, put, le 4 février seulement, en faire l'objet d'une circulaire, adressée à ses collègues du Bas-Rhin. Pourtant, le scrutin fut, dans le Bas-Rhin, le Haut-Rhin, la Moselle et les Vosges, exactement ouvert à la date prévue, du 8 février. Dans la Meurthe, on ne vota que le 10 du même mois. Au chef-lieu de chacun des départements précités, on vit s'improviser rapidement des comités électoraux, qui établirent et propagèrent des listes de candidats. Quelques comités luttèrent activement entre eux ; mais les candidats, en personne, s'abstinrent généralement de toute compétition. Plusieurs de ces candidats, comme, par exemple, M. Teutsch, dans le Bas-Rhin, furent, à leur insu même, portés sur les listes; si bien que, parmi les députés élus, il s'en trouva qui, à aucun degré, n'avaient recherché leur mandat. La notoriété de leur patriotisme et l'indépendance de caractère dont ils avaient fait preuve vis-à-vis du régime impérial, tels étaient surtout les titres qui les recommandaient à la confiance de leurs concitoyens. Ceux-ci, en effet, entrevoyaient avec terreur la perte de leur nationalité, comme couronnement du servage politique que la France avait dû subir pendant les dix-huit dernières années, et ils attendaient, de leurs représentants à l'Assemblée nationale, un suprême et vigoureux effort pour corriger la rigueur cruelle du Destin.

Dans les cinq départements aujourd'hui absorbés ou mutilés par l'annexion, le scrutin du 8 février 1871 donna les résultats ci-après :

### Bas-Rhin (12 députés à élire).

*145,183 électeurs inscrits ; 101,741 votants.*

| | NOMBRE de voix |
|---|---|
| Émile Küss, professeur à la Faculté de médecine, maire de Strasbourg | 98,090 |
| Édouard Teutsch, ancien maître de verreries, membre du conseil général du Bas-Rhin, à Hochberg | 95,582 |
| Albrecht, maire de Schlestadt | 91,091 |
| Julien Melsheim, avoué à Schlestadt | 67,931 |
| Albert Bœll, avoué à Wissembourg | 65,697 |
| Auguste Schneegans, rédacteur au *Courrier du Bas-Rhin*, membre de la commission municipale de Strasbourg | 65,632 |
| Alphonse Saglio, ancien député, membre de la commission municipale de Strasbourg | 57,287 |
| Léon Gambetta, membre du gouvernement de la Défense nationale | 56,721 |
| Gustave Ostermann, maire de Saverne | 55,006 |
| Charles Bœrsch, rédacteur en chef du *Courrier du Bas-Rhin*, membre du conseil général, membre de la commission municipale de Strasbourg | 54,703 |
| Jules Favre, membre du gouvernement de la Défense nationale | 54,514 |
| Jacques Kablé, directeur d'assurances, adjoint au maire de Strasbourg | 53,869 |

### Haut-Rhin (11 députés à élire).

| | |
|---|---|
| Émile Keller, à Belfort | 68,861 |
| Colonel Denfert, commandant la place de Belfort | 56,021 |
| Jules Grosjean, ancien ingénieur, préfet du Haut-Rhin | 55,371 |
| Albert Tachard, ancien député, ministre plénipotentiaire | 54,819 |
| Louis Chauffour, avocat à Mulhouse | 53,599 |
| Léon Gambetta, membre du gouvernement de la Défense nationale | 52,917 |
| Titot, directeur d'établissements industriels au Logelbach | 48,552 |
| Frédéric Hartmann, manufacturier à Munster | 42,531 |
| A. Scheurer-Kestner, manufacturier à Thann | 39,605 |
| Alfred Kœchlin-Steinbach, manufacturier à Mulhouse | 34,465 |
| Édouard Rencker, notaire à Colmar | 33,976 |

### Meurthe (8 députés à élire).

| | NOMBRE de voix |
|---|---|
| VARROY, ingénieur des ponts et chaussées | 64,357 |
| VIOX | 53,396 |
| BRICE | 52,675 |
| LA FLIZE père, avocat à Nancy | 51,281 |
| Léon GAMBETTA, membre du gouvernement de la Défense nationale | 47,211 |
| CLAUDE | 45,916 |
| ANCELON | 45,098 |
| BERLET, avocat à Nancy | 41,195 |

### Moselle (9 députés à élire).

| | |
|---|---|
| V. REHM | 59,098 |
| Léon GAMBETTA, membre du gouvernement de la Défense nationale | 54,971 |
| Louis HUMBERT | 47,719 |
| Léon DORNÈS, directeur de salines | 47,571 |
| Th. NOBLOT, négociant à Metz | 46,331 |
| DESCHANGE | 45,242 |
| Pr. ANDRÉ, docteur en médecine | 45,147 |
| BARDON, industriel | 38,175 |
| Ed. BAMBERGER, docteur en médecine | 33,632 |

### Vosges (8 députés à élire).

| | |
|---|---|
| BUFFET, ancien député | 36,167 |
| AUBRY | 30,770 |
| Nicolas CLAUDE, manufacturier à Saulxures | 30,505 |
| Jules FERRY, membre du gouvernement de la Défense nationale | 23,429 |
| CONTAUT, industriel à Neufchâteau | 22,711 |
| DE RAVINEL | 22,528 |
| GEORGE | 21,984 |
| STEINHEIL, manufacturier à Rothau | 21,290 |

Arrivés à Bordeaux, la plupart des députés que nous venons de nommer se firent inscrire à l'un ou à l'autre des divers groupes de l'Assemblée nationale. La gauche républicaine en reçut le plus grand nombre ; et sur une liste de ce groupe, arrêtée à la fin de février 1871, nous trouvons les noms de MM. Ancelon, André, Bamberger, Bardon, Berlet, Bœll, Brice, Claude (Meurthe), Deschange, Dornès,

George, Grosjean, Hartmann, Kœchlin, La Flize, Noblot, Rehm, Schneegans, Tachard, Teutsch, Varroy et Viox.

En outre, les représentants des départements précités, mais plus particulièrement ceux du Bas-Rhin, du Haut-Rhin, de la Moselle et de la Meurthe, organisèrent, entre eux, des conférences spéciales, et là ils discutèrent et réglèrent l'attitude à observer en commun devant les combinaisons de plus en plus menaçantes qui tendaient à acheter la paix au prix d'une cession de territoire. Une commission, composée de MM. Gambetta, Louis Chauffour, Émile Keller et Auguste Schneegans, fut chargée de rédiger le projet d'une protestation collective contre toute idée d'annexion. Un travail sorti de la plume de Gambetta ayant été soumis à la réunion générale, celle-ci l'examina et l'adopta avec de légers amendements ; puis elle chargea M. Keller de lire, devant l'Assemblée nationale, la déclaration, signée par les députés des départements menacés.

A la séance publique du 17 février 1871, séance présidée par M. Jules Grévy (qui, la veille, avait été élu président de l'Assemblée), le député Keller s'exprima en ces termes, que nous empruntons au *Moniteur universel*, publié à Bordeaux.

« Je suis convaincu, Messieurs, que la proposition que je viens déposer sur le bureau de la Chambre, et que vous me permettrez de vous lire, aura votre assentiment unanime ; car il s'agit, ici, de notre honneur, de notre unité nationale ; et, sur ce point, il ne saurait y avoir de dissidence dans une assemblée française. La voici :

« Les soussignés, représentants à l'Assemblée nationale, déposent sur le bureau de la Chambre la proposition suivante :

« L'Assemblée nationale prend en considération la déclaration unanime des députés du Bas-Rhin, du Haut-Rhin, de la Moselle et de la Meurthe.

« La proposition, ainsi que la déclaration que je vais avoir l'honneur de vous lire, est signée par MM. Léon GAMBETTA, HUMBERT, KÜSS, SAGLIO, VARROY, TITOT, ANDRÉ, KABLÉ, TACHARD, REHM, Édouard TEUTSCH, DORNÈS, HARTMANN, OSTERMANN, LA FLIZE, DESCHANGE, BILLY, BARDON, VIOX,

ALBRECHT, Alfred KŒCHLIN, Charles BŒRSCH, GRANDPIERRE, CHAUFFOUR, RENCKER, MELSHEIM, BRICE, GROSJEAN, BERLET, SCHNEEGANS, SCHEURER-KESTNER, Ed. BAMBERGER, NOBLOT, A. BŒLL, ANCELON et KELLER.

« Voici, maintenant, Messieurs, la déclaration qui nous est dictée par le vote unanime de nos électeurs, et que nous vous demandons de prendre en sérieuse considération. Elle est un élément sérieux des négociations qui vont s'ouvrir, puisqu'elle est l'expression de la volonté des populations, et qu'au temps où nous sommes, en pleine civilisation, il ne saurait être question de disposer des peuples sans leur assentiment :

« Nous soussignés, citoyens français, choisis et députés par les départements du Bas-Rhin, du Haut-Rhin, de la Moselle et de la Meurthe, pour apporter à l'Assemblée nationale de France l'expression de la volonté unanime des populations de l'Alsace et de la Lorraine, après nous être réunis et en avoir délibéré, avons résolu d'exposer, dans une déclaration solennelle, leurs droits sacrés et inaliénables, afin que l'Assemblée nationale, la France et l'Europe, ayant sous les yeux les vœux et les résolutions de nos commettants, ne puissent consommer, ni laisser consommer aucun acte de nature à porter atteinte aux droits dont un mandat ferme nous a confié la garde et la défense.

« En effet, Messieurs, nous ne sommes ici que pour cela ; nos électeurs ne nous ont envoyés ici que pour attester que nous sommes et que nous resterons à jamais Français.

## DÉCLARATION.

« I. — L'Alsace et la Lorraine ne veulent pas être aliénées.

« Associées depuis plus de deux siècles à la France, dans la bonne comme dans la mauvaise fortune, ces deux provinces, sans cesse exposées aux coups de l'ennemi, se sont constamment sacrifiées pour la grandeur nationale ; elles ont scellé de leur sang l'indissoluble pacte qui les rattache à l'unité française. Mises, aujourd'hui, en question par les prétentions étrangères, elles affirment, à travers les obstacles et tous les dangers, sous le joug même de l'envahisseur, leur inébranlable fidélité.

« Tous unanimes, les citoyens demeurés dans leurs foyers, comme les soldats accourus sous les drapeaux, les uns en votant, les autres en combattant, signifient à l'Allemagne et au monde l'immuable volonté de l'Alsace et de la Lorraine de rester françaises...

« II. — La France ne peut consentir ni signer la cession de la Lorraine et de l'Alsace. Elle ne peut pas, sans mettre en péril la continuité de son existence nationale, porter elle-même un coup mortel à sa propre unité, en abandonnant ceux qui ont conquis, par deux cents ans de dévouement patriotique, le droit d'être défendus par le pays tout entier contre les entreprises de la force victorieuse.

« Une Assemblée, même issue du suffrage universel, ne pourrait invoquer sa souveraineté, pour couvrir ou ratifier des exigences destructives de l'intégrité nationale. Elle s'arrogerait un droit qui n'appartient même pas au peuple réuni dans ses comices. Un pareil excès de pouvoir, qui aurait pour effet de mutiler la mère commune, dénoncerait aux justes sévérités de l'histoire ceux qui s'en rendraient coupables.

« La France peut subir les coups de la force ; elle ne peut sanctionner ses arrêts.

« III. — L'Europe ne peut permettre ni ratifier l'abandon de l'Alsace et de la Lorraine.

« Gardiennes des règles de la justice et du droit des gens, les nations civilisées ne sauraient rester plus longtemps insensibles au sort de leurs voisines, sous peine d'être, à leur tour, victimes des attentats qu'elles auraient tolérés. L'Europe moderne ne peut laisser saisir un peuple comme un vil troupeau ; elle ne peut rester sourde aux protestations répétées des populations menacées ; elle doit à sa propre conservation d'interdire de pareils abus de la force. Elle sait, d'ailleurs, que l'unité de la France est, aujourd'hui comme dans le passé, une garantie de l'ordre général du monde, une barrière contre l'esprit de conquête et d'invasion.

« La paix faite au prix d'une cession de territoire ne serait qu'une trêve ruineuse et non une paix définitive. Elle serait, pour tous, une cause d'agitation intestine, une provocation légitime et permanente à la guerre. Et quant à nous, Alsaciens et Lorrains, nous serions prêts à recommencer la guerre, aujourd'hui, demain, à toute heure, à tout instant.

« En résumé, l'Alsace et la Lorraine protestent hautement contre toute cession : la France ne peut la consentir, l'Europe ne peut la sanctionner.

« En foi de quoi, nous prenons nos concitoyens de France, les gouvernements et les peuples du monde entier à témoin que nous tenons, d'avance, pour nuls et non avenus, tous actes et traités, vote ou plébiscite, qui consentiraient abandon, en faveur de l'étranger, de tout ou partie de nos provinces de l'Alsace et de la Lorraine.

« Nous proclamons par les présentes à jamais inviolable le droit des Alsaciens et des Lorrains de rester membres de la nation française ; et nous jurons, tant pour nous que pour nos commettants, nos enfants et leurs descendants, de le revendiquer éternellement et par toutes les voies, envers et contre tous usurpateurs.

« Messieurs, il est évident que cette proposition s'impose d'urgence, et que l'on ne saurait nous refuser de l'examiner sur-le-champ. Vous savez quelle est la situation douloureuse, l'anxiété dans laquelle vivent certains départements, qui non seulement ont à supporter les maux de la guerre, mais qui sont, chaque jour, menacés par l'étranger d'être arrachés à la patrie commune.

« Mettez-vous un instant à notre place. Ah ! je le sais, au fond vous pensez comme nous ; vous savez, comme nous, que l'Alsace et la Lorraine sont françaises et resteront à jamais françaises.

« Vous aimez l'Alsace et la Lorraine, comme l'Alsace et la Lorraine aiment la France. Osez l'affirmer, osez le dire à la face du monde, à la face de l'Europe ; et, au lieu de cette force matérielle qui prétend imposer au monde ses lois détestables, vous nous donnerez la force morale, qui finit toujours par triompher.

« Messieurs, ne désespérons pas de la force morale, donnons-la à nos négociateurs ; ce n'est que par la force morale qu'on fonde une paix durable. Ah ! la paix, nous la désirons tous ; nous la désirons ardemment ; mais la véritable paix ne peut se fonder que sur la justice. Or ce que nous voulons en ce moment, ce que nous affirmons de toutes nos forces, c'est le maintien de la justice. Nous protestons d'avance contre la plus déplorable et la plus cruelle des iniquités.

« Eh bien, je fais appel, ici, aux sentiments unanimes de la Chambre ; et, sans m'arrêter aux formalités du règlement, je demande que, tout entière, elle donne son témoignage d'inviolable attachement à l'Alsace et à la Lorraine. Tenez, Messieurs, nous sommes comme le marin qui a vu couler son vaisseau plutôt que de rendre son drapeau, et qui cherche un refuge auprès de ses frères d'armes ; nous vous tendons la main, ne nous refusez pas la vôtre. »

L'Assemblée, à laquelle s'adressait cette protestation des représentants de l'Alsace et de la Lorraine, était unanimement prise de sympathie pour les provinces menacées d'annexion ; mais la grande majorité de cette Assemblée, docile aux avis de M. Thiers et pensant, à tort peut-être, qu'il n'y avait plus aucun profit à tirer d'une continuation de la guerre, n'aspirait qu'à la conclusion de la paix. Impatient d'en finir, M. Thiers en était arrivé, le 17 février, jusqu'à prononcer ces navrantes paroles :

« Ayez le courage de votre opinion : ou la guerre ou la paix. Tout cela est très sérieux. Pas d'enfantillage, quand il s'agit ou du sort de provinces très intéressantes, ou du sort du pays tout entier. Je vous demande de vous presser. »

Ces recommandations furent suivies ; une commission nommée par les bureaux examina, sans retard, la proposition ; et, dans la soirée du même jour encore, sur le rapport de M. Beulé, on adopta, en séance publique, la résolution suivante :

« L'Assemblée nationale, accueillant avec la plus vive sympathie la déclaration de M. Keller et de ses collègues, relative à l'Alsace et à la Lorraine, s'en remet à la sagesse et au patriotisme des négociateurs. »

Quelques instants plus tard, un autre vote conférait à M. Thiers le titre de Chef du pouvoir exécutif de la République française, chargé d'exercer ses fonctions sous l'autorité de l'Assemblée nationale et avec le concours de ministres choisis par lui.

Le 19 février, M. Thiers, Président du Conseil, Chef du pouvoir exécutif de la République française, signa un arrêté nommant :

Ministre de la Justice, présidant le Conseil d'État, M. Jules Dufaure ;

Ministre des Affaires étrangères, M. Jules Favre ;

Ministre de l'Intérieur, M. Ernest Picard ;

Ministre de la Guerre, M. le général Le Flô ;

Ministre de la Marine et des Colonies, M. le vice-amiral Pothuau ;

Ministre de l'Instruction publique et des Cultes, M. Jules Simon ;

Ministre de l'Agriculture et du Commerce, M. Lambrecht ;

Ministre des Travaux publics, M. de Larcy ;

tous membres de l'Assemblée nationale.

(Le portefeuille des Finances devait, quelques jours après, être confié à M. Pouyer-Quertier.)

Le 19 février, l'Assemblée nationale arrêta qu'une commission de quinze membres, nommée par les bureaux, assisterait les négociateurs du traité de paix. Les bureaux désignèrent MM. le comte Benoist d'Azy, Teisserenc de Bort, le comte de Mérode, Descilligny, Victor Lefranc, le baron Laurenceau, le baron Lespérut, Saint-Marc Girardin, Barthélemy Saint-Hilaire, le général d'Aurelle de Paladines, l'amiral La Roncière Le Noury, Pouyer-Quertier, Vitet, Batbie, l'amiral Saisset. Ce sont ces quinze membres (dont aucun, soit dit en passant, n'appartenait à la députation d'Alsace et de Lorraine) qui accompagnèrent MM. Thiers et Jules Favre au quartier général allemand, à Versailles.

La déclaration solennelle, signée par les députés de l'Alsace et de la Lorraine et lue à la tribune le 17 février, avait, parmi leurs collègues de l'Assemblée nationale, ému tout particulièrement certains hommes d'élite qui, eux aussi, repoussaient avec énergie l'idée que des Français pussent être appelés à faire trafic de leurs frères. Ces hommes, dont quelques-uns comptent aujourd'hui parmi les illustrations de la France, signèrent, le 18 février, l'adresse suivante, qu'avait inspirée Louis Blanc :

*Aux Représentants des départements du Bas-Rhin, du Haut-Rhin, de la Moselle, de la Meurthe et des Vosges.*

Bordeaux, 18 février 1871.

« Chers collègues et concitoyens,

« Nous nous sommes associés hier, par nos applaudissements, à la déclaration faite par l'un d'entre vous, à la tribune, au sujet de l'Alsace et de la Lorraine ; mais nous tenons à vous dire encore que les représentants de la France républicaine partagent vos sentiments et votre opinion. Nous nous sentons attachés aux héroïques populations que vous représentez, aussi fortement qu'elles se sentent elles-mêmes attachées à la patrie commune. De plus, nous nous déclarons, nous déclarons l'Assemblée nationale et le peuple français tout entier sans droit pour faire d'un seul de vos commettants le sujet de la Prusse ; comme vous, enfin, nous tenons d'avance pour nul et non avenu, tout acte ou traité, tout vote ou plébiscite, par lequel serait fait cession d'une fraction quelconque de l'Alsace ou de la Lorraine. Quoi qu'il arrive, les citoyens de ces deux contrées resteront nos compatriotes et nos frères, et la République leur promet une revendication éternelle.

« Nous pressons cordialement la main que vous nous tendez.

« Salut et fraternité.

« Victor Hugo, Louis Blanc, E. Quinet, V. Schœlcher, Charles Floquet, Millière, Tolain, Clémenceau, Greppo, Martin Bernard, J. Andrieu (Oran), Colas (Constantine), Jean Brunet, Eug. Farcy, Ed. Lockroy, P. Tirard, A. Peyrat, E. Razoua, Ch. Lepère, Carion, A. Dubois, A. Gent, Ducoux, Sadi Carnot, B. Malon, P. Joigneaux, Rathier (Yonne), Edm. Adam, P. Cournet, Moreau (Côte-d'Or), Henri Brisson, G. Tridon, Langlois, Cyprien Girerd, A. Ranc, Amat, Ferd. Gambon. »

Les préliminaires de paix, signés à Versailles le 26 février 1871, justifièrent toutes les craintes qu'avaient depuis longtemps conçues les populations particulièrement menacées d'annexion. Le Bas-Rhin se trouvait entièrement sacrifié; du Haut-Rhin, la France ne conservait qu'une faible portion, ce qu'on appelle aujourd'hui le Territoire de Belfort; la plus grande partie du département de la Moselle était cédée à l'Allemagne; la Meurthe était fortement mutilée; enfin, deux cantons du département des Vosges étaient séparés de la France.

Les négociateurs et les commissaires étant rentrés à Bordeaux dans la matinée du 28 février, il y eut, à 1 heure, réunion dans les bureaux pour entendre les communications des commissaires, puis, à 4 heures et un quart, séance publique de l'Assemblée nationale. M. Thiers vint, à cette séance, donner lecture du projet de la loi qui devait consacrer les préliminaires de paix. Quant au texte de ces préliminaires eux-mêmes, il fut lu par M. Barthélemy Saint-Hilaire.

A la demande du Chef du pouvoir exécutif, l'Assemblée déclara l'urgence; et, le 28 février, à 9 heures du soir encore, les députés se réunirent dans leurs bureaux pour nommer une commission, chargée de l'examen du projet de loi relatif aux préliminaires. Les représentants des régions sacrifiées renouvelèrent, dans les bureaux et avec l'énergie du désespoir, leurs protestations contre la hâte fiévreuse avec laquelle on allait voter le démembrement du pays.

Le lendemain, 1er mars, il y eut séance publique, à midi et demi, et M. Victor Lefranc, désigné comme rapporteur, conclut à l'adoption du projet de loi.

Ces conclusions donnèrent lieu à une longue discussion, dans laquelle plusieurs orateurs patriotes s'élevèrent avec éloquence contre toute cession de territoire. Mais, ainsi que nous l'avons expliqué déjà, la cause de l'Alsace et de la Lorraine était perdue d'avance; et, par 546 voix contre 107, l'Assemblée, votant à la tribune, approuva, sans y rien changer, les préliminaires de paix.

Voici, d'après le *Moniteur universel,* les noms des 107 députés qui, malgré les adjurations de M. Thiers, crurent en conscience devoir voter contre le projet de loi, et qui nous ont paru mériter une mention spéciale :

MM. Adam (Edmond), Albrecht, Amat, Ancelon, André (docteur), Andrieu, Arago (Emmanuel), Arnaud (de l'Ariège), Bamberger, Barbaroux (docteur), Bardon, Berlet (Meurthe), Bernard (Martin), Billot (général), Billy, Blanc (Louis), Bœll, Bœrsch, Brice, Brisson, Brun (Charles), Brunet, Carion, Carnot fils, Chaix, Chanzy (général), Chauffour, Claude (Meurthe), Claude (Vosges), Clémenceau, Colas, Cournet (Seine), Delescluze, Deschange, Dorian, Dornès (Léon), Dubois, Ducler, Ducoux, Durieu, Esquiros, Farcy (lieutenant de vaisseau), Floquet (Charles), Gambetta, Gambon, Gent, George, Girerd (Cyprien), Grandpierre, Greppo, Grosjean, Guiter, Hartmann, Humbert (Haute-Garonne), Humbert (Louis-Amédée), Jaubert (comte), Joigneaux, Jouvenel (baron de), Kablé, Keller, Kœchlin, La Flize, Lamy, Langlois Laserve, Laurier (Clément), Lefranc (Pierre), Lepère, Lockroy, Loysel (général), Lucet, Mahy (de), Malens, Malon, Marc-Dufraisse, Mazure (général), Melsheim, Millière, Monteil, Moreau, Noblot, Ostermann, Peyrat, Pyat (Félix), Quinet (Edgard), Rane, Rathier, Razoua, Rehm, Rencker, Rochefort, Saglio, Saisy (Hervé de), Scheurer-Kestner, Schneegans, Schœlcher, Taberlet, Tachard, Teutsch, Tirard, Titot, Tolain, Tridon, Varroy, Victor Hugo, Villain, Viox.

Au cours de la discussion, et à la suite d'un simple incident, l'Assemblée nationale avait, à une majorité écrasante, voté une résolution qui répondait évidemment au sentiment des Alsaciens et des Lorrains, mais qui, hélas ! ne pouvait plus les consoler dans leur malheur. Voici cette résolution :

« L'Assemblée nationale, dans les circonstances douloureuses que traverse la patrie, confirme la déchéance de Napoléon et de sa dynastie, déjà prononcée par le suffrage universel, et le déclare responsable de la ruine, de l'invasion et du démembrement de la France. »

Aussitôt après l'adoption des préliminaires de paix, M. Jules Grosjean monta à la tribune pour y donner lecture d'une nouvelle et importante déclaration, qu'il avait reçu mission de préparer et qu'avaient signée les députés du Bas-Rhin, du Haut-Rhin et de la Moselle ; il s'exprima ainsi :

« Messieurs, je suis chargé par tous mes collègues des départements de la Moselle, du Bas-Rhin et du Haut-Rhin, présents à Bordeaux, de déposer sur le bureau, après en avoir donné lecture, la déclaration suivante :

« Les représentants de l'Alsace et de la Lorraine ont déposé, avant toute négociation de paix, sur le bureau de l'Assemblée nationale, une déclaration affirmant de la manière la plus formelle, au nom de ces provinces, leur volonté et leur droit de rester françaises.

« Livrés, au mépris de toute justice et par un odieux abus de la force, à la domination de l'étranger, nous avons un dernier devoir à remplir.

« Nous déclarons encore une fois, nul et non avenu, un pacte qui dispose de nous sans notre consentement.

« La revendication de nos droits reste à jamais ouverte à tous et à chacun, dans la forme et dans la mesure que notre conscience nous dictera.

« Au moment de quitter cette enceinte, où notre dignité ne nous permet plus de siéger, et malgré l'amertume de notre douleur, la pensée suprême que nous trouvons au fond de nos cœurs est une pensée de reconnaissance pour ceux qui, pendant six mois, n'ont pas cessé de nous défendre, et d'inaltérable attachement à la patrie, dont nous sommes violemment arrachés.

« Nous vous suivrons de nos vœux et nous attendrons, avec une confiance entière dans l'avenir, que la France régénérée reprenne le cours de sa grande destinée.

« Vos frères d'Alsace et de Lorraine, séparés en ce moment de la famille commune, conserveront à la France, absente de leurs foyers, une affection filiale, jusqu'au jour où elle viendra y reprendre sa place.

« Bordeaux, le 1er mars 1871.

« *Signé :* L. Chauffour, E. Teutsch, Pr. André, Ostermann, Schneegans, E. Keller, Kablé, Melsheim, Bœll, Titot, Albrecht, Alfred Kœchlin, V. Rehm, A. Scheurer-Kestner, Alph. Saglio, Humbert, Küss, Rencker, Deschange, Bœrsch, A. Tachard, Th. Noblot, Dornès, Ed. Bamberger, Bardon, Léon Gambetta, Frédéric Hartmann, Jules Grosjean. »

Immédiatement après cette lecture, les représentants des provinces cédées quittèrent l'Assemblée. La plupart d'entre eux se bornèrent alors à faire encore, dans les ministères, les démarches que leur avaient demandées certains de leurs commettants ; les questions de douane, qui intéressaient à un si haut degré l'industrie du pays annexé, furent surtout l'objet de leur plus vive sollicitude.

Au nombre des députés qui se retirèrent, se trouvait Gambetta qui, élu dans neuf départements, avait, à la séance du 28 février, fait annoncer son option pour le Bas-Rhin. L'illustre ancien membre du gouvernement de la Défense nationale marqua ainsi, d'une façon touchante, sa solidarité avec les malheureuses populations que ses efforts désespérés n'avaient pu conserver à la France.

La journée néfaste du 1er mars 1871, cette journée sombre, entre toutes, dans l'histoire de l'Alsace et de la Lorraine, fut, par une lugubre coïncidence, marquée d'un autre deuil pour les provinces annexées. M. Küss, premier élu du Bas-Rhin, dont on trouve la signature au bas des deux déclarations collectives portées à la tribune le 17 février et le 1er mars, râlait dans l'agonie, au moment même où les représentants de la France à l'Assemblée nationale votaient le sacrifice de leurs frères. Le 1er mars, à 11 heures du soir, il rendait, à Bordeaux, le dernier soupir. Élu maire de Strasbourg en plein siège, le 15 septembre 1870, M. Küss, dont la santé était fortement ébranlée déjà, avait consacré toute son énergie à l'accomplissement de sa difficile mission. Lorsque la place s'était rendue, il avait, dans l'intérêt de ses administrés et dans l'intérêt de l'Alsace entière, lutté pied à pied contre les exigences souvent exagérées du vainqueur. Après l'élection du 8 février, il était à bout de forces et songeait sérieusement à décliner l'honneur que venaient de lui conférer ses concitoyens du Bas-Rhin. « Si je vous accompagne à Bordeaux, nous dit-il, je n'en reviendrai probablement plus. » Mais l'idée qu'il lui restait un devoir à remplir triompha de sa première hésitation, et il partit. Le 3 mars, quoique la nouvelle de sa mort fût à peine répandue à Bordeaux, un cortège nombreux et sympathique accompagna son corps à la gare, d'où il devait, en passant par Lyon et la Suisse, être dirigé sur Strasbourg. L'Assemblée nationale, adoptant une motion de M. Eugène Pelletan, décida que les frais des funérailles de M. Küss seraient supportés par la nation ; et le conseil municipal de Bordeaux demanda (mais sans succès) à prendre sa part de ces frais.

Des funérailles solennelles attendaient encore M. Küss à Strasbourg, où son corps, arrivé le 7 mars, fut inhumé le lendemain M. Teutsch, deuxième élu du Bas-Rhin, avait tenu à honneur d'accompagner son ami jusqu'au champ du repos; et là, se rendant l'interprète des députés du département, il résuma dans quelques paroles les impressions douloureuses qu'il rapportait de Bordeaux.

« Permettez, Messieurs », dit-il « qu'au nom de la députation du Bas-Rhin, je dise un dernier adieu au collègue, à l'ami que nous venons de perdre.

« Il y a peu de semaines, tristes, mais avec un rayon d'espoir encore, nous quittions ensemble notre chère Alsace, pour aller soutenir en votre nom la lutte suprême du droit contre la force. Vous savez ce qu'est devenu notre espoir; quant à notre tristesse, elle s'est changée en la plus amère des douleurs, douleur qu'aggrave la perte du grand citoyen que nous pleurons aujourd'hui. Il a noblement lutté jusqu'au bout; il a vaillamment supporté le martyre qu'il s'était imposé pour votre défense et pour celle de l'Alsace. L'Alsace entière m'approuvera, si je dépose sur cette tombe l'hommage de son éternelle reconnaissance pour les services que lui a rendus M. Küss.

« Je voudrais m'arrêter ici et laisser un libre cours aux larmes que m'arrache la double perte de notre patrie et de l'homme qui l'a si généreusement servie. Mais il y a une leçon à tirer de la mort de notre cher concitoyen; et cette leçon, je tiens à l'indiquer par un mot : Il est mort *esclave du devoir*. Souvenons-nous de cet exemple et sachons l'imiter.

« Et maintenant adieu, cher collègue; adieu, grand citoyen. Si, comme j'en ai la confiance, Dieu, récompensant vos vertus, vous a admis dans la demeure des élus, priez-le pour nous, priez-le pour notre chère et malheureuse Alsace; priez-le pour la patrie qui nous est enlevée, pour la patrie de nos cœurs. »

A la séance de l'Assemblée nationale du 11 mars 1871, il y eut un incident, amené par la démission que MM. Denfert, député du Haut-Rhin, et George, député des Vosges, avaient cru devoir officiellement donner comme représentants de départements mutilés par le traité de paix.

Après lecture des lettres de ces députés, M. le président Grévy s'exprima ainsi :

« Le président saisit l'occasion qui lui est offerte par ces deux lettres et par cette démission, de faire observer à M. George et à M. Denfert, ainsi qu'à ceux de nos collègues qui, se trouvant placés dans une situation analogue, ont cru devoir se retirer, parce qu'à leurs yeux leur mandat était diminué par les événements survenus depuis leur élection, de leur faire observer, dis-je, que le sentiment qui les a déterminés, tout honorable qu'il soit, ne doit pas leur faire perdre de vue que, malgré les changements qu'ont pu subir dans leur état les populations qui les ont élus, ils sont et doivent rester les représentants du peuple français. »

Ces paroles, appuyées encore par les observations de quelques députés, furent unanimement approuvées ; et l'on peut tirer de l'incident cette conclusion, que tous les représentants de l'Alsace et de la Lorraine qui étaient sortis de l'Assemblée après l'adoption des préliminaires de paix, y eussent trouvé bon accueil, s'il leur avait plu de reprendre leur siège ; mais quelques-uns seulement s'arrêtèrent à ce parti. M. George retira immédiatement sa démission; et, un peu plus tard, vers la fin de mars, MM. Varroy et Brice, de la Meurthe, M. Claude, des Vosges, et MM. Bamberger, André et Deschange, de la Moselle, allèrent siéger à Versailles, où l'Assemblée nationale s'était transportée après la séance du 11 mars.

Du reste, aucun des autres députés victimes de l'annexion ne donna officiellement sa démission ; et lorsque, en 1873, il se forma, à l'Assemblée nationale, une faible majorité qui songeait à restaurer la monarchie, les députés en question envoyèrent à Versailles des protestations, dont l'une, collective, reçut les signatures de MM. Humbert, Noblot, Titot, Dornès, Rehm, Bardon, Bœrsch, Grosjean, Schneegans, Rencker, Hartmann, Tachard, Kablé, Albert. Trois autres furent isolément signées par MM. Louis Chauffour, Melsheim et Teutsch ; cette dernière était ainsi conçue :

*A Monsieur le Président de l'Assemblée nationale à Versailles.*

Monsieur le Président,

« Au moment où l'avenir de la France se décide, où la République est menacée, où les conquêtes de la Révolution de 1789 elles-mêmes sont mises en question, le soussigné, ancien député du Bas-Rhin à l'Assemblée nationale, s'associant à ses anciens collègues de la députation de ce département, croit de son devoir de faire la déclaration suivante :

« S'il avait l'honneur de siéger encore sur les bancs de l'Assemblée nationale, mandataire fidèle de ses commettants, il voterait contre la restauration de la monarchie, qu'il regarde comme la perte de la France ; il voterait pour la République, qui seule est capable de la relever.

« En foi de quoi, il appose sa signature au bas de cette déclaration.

« Il ajoute que, si l'Alsace et la Lorraine faisaient encore partie de la France, jamais il n'eût été possible de rallier à la monarchie la majorité des suffrages de l'Assemblée.

« Il a l'honneur de vous prier, Monsieur le Président, de vouloir bien porter cette déclaration à la connaissance de ses anciens collègues de l'Assemblée nationale, et d'agréer l'expression de ses sentiments de haute considération.

Hochberg (par Ingwiller, Bas-Rhin), le 27 octobre 1873.

Édouard TEUTSCH.

Dominés par le souvenir du démembrement cruel, consommé à Bordeaux, les députés qui étaient rentrés dans le pays annexé, refusèrent en général leur concours pour l'inauguration, en Alsace-Lorraine, d'une vie politique nouvelle, à créer sous le régime allemand. Ainsi l'on ne vit guère qu'un seul député du Bas-Rhin, M. Jacques Kablé, assister à la réunion des notables que M. Jules Klein, adjoint, faisant fonction de maire à Strasbourg, convoqua dans cette ville pour le 16 avril 1871. L'Assemblée élabora un programme d'autonomie pour l'Alsace-Lorraine, et élut, dans son sein, quatre délégués, MM. Jules Klein, Rodolphe de Turckheim, Blumstein et Jacques Kablé, chargés de faire le voyage de Berlin, et de porter à M. de Bismarck, grand chancelier de l'Empire, les doléances et les vœux du pays conquis. Un député du Haut-Rhin, M. Frédéric Hartmann, accepta, avec MM. Ignace Chauffour et Fleischhauer, un mandat pareil, qui leur fut confié par une réunion de notables à Colmar. Les délégués revinrent déçus de leur mission; et M. Kablé montra, à partir de cette époque, une sympathie décroissante pour le parti de l'autonomie, dont il avait été l'un des premiers et des plus empressés fondateurs.

Les chefs de ce parti, à peu près seuls tolérés comme inspirateurs des journaux alsaciens-lorrains qui avaient été maintenus ou créés après l'annexion, affichèrent, dès le début, dans leurs polémiques, un dédain plus que choquant pour leur ancienne patrie, et soulevèrent ainsi une réprobation qui, comprimée pendant trois ans, devait éclater avec d'autant plus de force aux élections pour le Reichstag de 1874.

Jusqu'à l'époque de ces élections, la vie politique fut pour ainsi dire suspendue en Alsace-Lorraine. D'après l'article 2 du traité définitif de paix, signé le 10 mai 1871, les habitants du pays annexé qui tenaient à conserver la nationalité française, devaient déclarer leur option avant le 1er octobre 1872; et force leur était, ensuite, d'abandonner leurs foyers. Beaucoup de notables usèrent de ce droit d'option et quittèrent le pays. Les collèges électoraux furent convoqués pour le 22 juin 1873, à l'effet d'élire, selon l'ancienne loi française, des conseillers généraux et des conseillers d'arrondissement; mais cette opération passionna peu le public. Dans les nouvelles assemblées départementales et dans les nouveaux conseils d'arrondissement, on ne vit qu'un petit nombre des membres qui avaient siégé sous le régime français; et M. Teutsch, entre autres, déclina la candidature que les notables du canton de la Petite-Pierre lui proposèrent avec insistance, en vue de lui faire reprendre son siège au conseil général du Bas-Rhin.

Une loi, promulguée à Berlin le 16 avril 1871, avait substitué la constitution de l'Empire allemand à la constitution de la Confédération allemande. Deux ans plus tard, le 25 juin 1873, une autre loi disposa que la constitution serait appliquée dans le pays annexé à partir du 1er janvier 1874, et que l'Alsace-Lorraine enverrait au Reichstag quinze députés. Ceux-ci devaient être répartis entre quinze circonscriptions électorales dont la délimitation serait faite par le Conseil fédéral. Aux termes d'une loi antérieure, du 31 mai 1869, chaque Allemand ayant vingt-cinq ans accomplis était électeur pour le Reichstag, et tout Allemand âgé de vingt-cinq ans était éligible comme député.

Un décret impérial du 29 novembre 1873 prononça la dissolution du premier Parlement de l'Empire, Parlement qui avait siégé depuis le 21 mars 1871. Les nouvelles élections furent fixées au 10 janvier 1874, sauf pour le pays annexé, qui jusque-là n'avait pas été représenté au Reichstag, et où le scrutin fut ajourné au 1er février 1874. Le Parlement nouveau, d'après un décret du 20 janvier 1874, devait se réunir à Berlin le 5 février suivant.

A l'approche de l'importante élection du 1er février 1874, on vit le peuple d'Alsace-Lorraine sortir lentement de sa torpeur et s'intéresser à la campagne qui allait s'engager. Les immigrés et surtout le parti autonomiste qui, appuyés sur la presse et soutenus par le gouvernement, se croyaient maîtres de la situation, présentèrent partout des candidats ; mais devant ceux-ci se dressèrent bientôt des hommes indépendants, qui puisèrent dans leurs principes le courage nécessaire pour affronter une lutte absolument inégale.

Parmi les professions de foi que les candidats publièrent et qu'ils déposèrent aux parquets des procureurs impériaux, il en est une que nous croyons devoir reproduire en entier ; c'est celle où M. Teutsch exposa le programme qu'il devait très fidèlement, un peu plus tard, développer à la tribune du Parlement de Berlin. M. Teutsch, s'adressant aux électeurs de l'arrondissement de Saverne, s'exprima ainsi :

## A MESSIEURS LES ÉLECTEURS.

« Mes chers concitoyens,

« Cédant au désir que m'ont exprimé plusieurs d'entre vous, je pose ma candidature au Reichstag allemand, pour la circonscription de Saverne.

« Il y aura trois ans bientôt, vous m'avez, avec tout le département du Bas-Rhin, fait l'insigne honneur de me déléguer à l'Assemblée nationale française pour protester contre le traité dont vous alliez être victimes. Les déclarations énergiques que vos députés ont faites à Bordeaux n'ont pu empêcher votre annexion à l'Empire d'Allemagne. De par le droit du plus fort, les hommes libres qui peuplent l'Alsace-Lorraine sont, pareils à un troupeau entre les mains de marchands, devenus le prix de la rançon de la France. Mais, j'en ai la ferme conviction, les déclarations auxquelles je me suis associé à Bordeaux ne seront pas perdues. Un jour viendra, jour prochain, je l'espère, où, grâce au développement des idées libérales et au progrès de la civilisation, les questions de nationalité ne seront plus tranchées par le sabre. Ce jour-là, votre volonté, exprimée par vos députés de 1871, pèsera de tout son poids dans la balance des négociations diplomatiques.

« Mais, songez-y bien, pour atteindre votre but, il est essentiel que cette même volonté ne se démente jamais, et qu'elle se manifeste dans toutes les occasions légales. Une de ces occasions, la plus importante depuis l'annexion, s'offrira à vous le 1er février prochain ; ne la laissez pas échapper.

« Les députés que va élire l'Alsace-Lorraine devront sans haine, mais avec la fermeté que donne le bon droit, s'adresser à la conscience du peuple allemand et lui rappeler, en protestant, les principes protecteurs de toute civilisation, qu'il a violés en nous arrachant à notre famille. Cet appel, je le sais, ne sera pas entendu encore ; mais il n'importe pas moins de fixer ce nouveau jalon sur la voie de notre rédemption. Ce n'est qu'à force d'énergie et de patience que nous arriverons à nos fins.

« Quelques-uns me diront que l'exécution du programme que je viens d'indiquer exclut la défense de ce qu'ils appellent les intérêts de l'Alsace-Lorraine. Mais, je le demande à mes contradicteurs, que voient-ils donc, pour notre malheureux pays, de plus intéressant que la revendication du droit de disposer de nous-mêmes ? Ce droit supérieur ne domine-t-il pas tous nos autres droits, sans aucune exception, et ne les résume-t-il pas tous ?

« Vous connaissez ma pensée. A vous maintenant, mes

chers concitoyens, de dire, au scrutin, si, comme en 1871, nous sommes encore d'accord.

« Veuillez agréer l'hommage de mon entier dévouement.

« Édouard TEUTSCH,

« ancien député
« et ancien membre du Conseil général du Bas-Rhin.

« Hochberg (canton de la Petite-Pierre), le 17 janvier 1874. »

Voici, pour l'Alsace-Lorraine, les résultats du scrutin qui fut ouvert le 1er février 1874 :

**Département de la Basse-Alsace.**

*Circonscription de Haguenau-Wissembourg.*

M. Louis HARTMANN, propriétaire à Haguenau (élu contre M. Nessel).

*Circonscription de Molsheim-Erstein.*

M. Joseph PHILIPPI, curé à Molsheim (élu contre M. Verdin).

*Circonscription de Saverne.*

M. Édouard TEUTSCH, ancien député, ancien membre du Conseil général, propriétaire à Hochberg (élu contre M. Eugène Reuss).

*Circonscription de Schlestadt.*

Mgr André RÆSS, évêque de Strasbourg (élu contre M. Helbig).

*Circonscription de Strasbourg (campagne).*

M. le baron Alexis DE SCHAUENBURG, propriétaire à Geudertheim (élu contre M. Jules Klein).

*Circonscription de Strasbourg (ville).*

M. Ernest LAUTH, négociant, ancien maire de Strasbourg (élu contre M. Ferdinand Schneegans).

**Département de la Haute-Alsace.**

*Circonscription d'Altkirch-Thann.*

M. Landelin WINTERER, curé à Mulhouse (élu contre M. le baron de Klœckler).

*Circonscription de Colmar.*

M. Jean-Baptiste Sœhnlin, curé-doyen à Neufbrisach (élu contre M. Charles Grad).

*Circonscription de Guebwiller.*

M. Joseph Guerber, curé-chanoine à Haguenau (élu contre M. Jean Schlumberger).

*Circonscription de Mulhouse.*

M. Henri Hæffely, industriel, président de la Chambre de commerce, à Mulhouse (élu contre M. Grunelius).

*Circonscription de Ribeauvillé.*

M. l'abbé J. Ignace Simonis, supérieur du couvent de Niederbronn (élu contre M. Ostermann).

**Département de la Lorraine.**

*Circonscription de Metz.*

Mgr Paul Du Pont des Loges, évêque de Metz (élu contre M. le comte Henckel de Donnersmark).

*Circonscription de Sarrebourg-Château-Salins.*

M. Charles Germain, avocat, propriétaire à Hommarting (élu contre M. Paté).

*Circonscription de Sarreguemines-Forbach.*

M. Eugène Pougnet, industriel à Landroff (élu contre M. Fulter).

*Circonscription de Thionville-Boulay.*

M. Charles Abel, avocat, membre du Conseil général à Metz (élu contre M. de Crépy).

Aussitôt après leur élection, les députés de l'Alsace-Lorraine convinrent par correspondance qu'au cours de leur voyage à Berlin ils s'arrêteraient à Francfort pour apprendre à se connaître et pour s'entendre, si possible, sur une ligne de conduite commune.

MM. Germain, Hæffely, Lauth et Teutsch partirent ensemble de Strasbourg le 11 février, et descendirent dans la soirée à Francfort, à l'hôtel de Russie, où ils venaient d'être devancés par Mgr Du Pont des Loges et par M. Abel. M. Pougnet les y suivit dans la journée du lendemain. Quant à Mgr Ræss et à MM. Winterer,

Guerber, Simonis, Sœhnlin, Philippi, de Schauenburg et Hartmann, ils touchèrent à Francfort dans la soirée du 12 février seulement et y choisirent un autre hôtel.

Les six députés arrivés d'abord eurent dès le 12 au matin une conférence préparatoire dans le salon de Mgr Du Pont des Loges, et il s'établit immédiatement entre eux un accord parfait. La réunion, et tout particulièrement l'évêque de Metz, approuvèrent sans réserve le plan de M. Teutsch, qui, selon sa profession de foi publiée pendant la période électorale, désirait que l'entrée de la députation alsacienne-lorraine au Reichstag fût marquée par une protestation solennelle contre l'annexion des deux provinces. On se rendit aux arguments du député de Saverne ; on admit, en outre, que tout mélange d'autres sujets quelconques diminuerait fatalement l'acte essentiel qu'il s'agissait d'accomplir, et M. Teutsch fut prié de vouloir bien, le moment venu et sauf l'approbation des collègues encore absents, porter la parole, à Berlin, au nom de la députation d'Alsace-Lorraine.

Dès que l'évêque de Strasbourg et ses compagnons de voyage eurent touché à Francfort, Mgr Du Pont des Loges convint avec eux d'une réunion générale pour la matinée du lendemain, 13 février. Cette réunion eut lieu dans le salon de Mgr Ræss.

Les huit députés fraîchement arrivés opinèrent ensemble pour le dépôt et la lecture d'une déclaration que signeraient tous les représentants de l'Alsace-Lorraine. Dans cette déclaration, on protesterait non seulement contre l'annexion, mais encore contre divers actes de l'administration allemande, entre autres contre certaines vexations dont souffraient les catholiques du pays annexé.

MM. Hæffely, Lauth et Teutsch firent remarquer qu'ils appartenaient au culte protestant et qu'on ne saurait, pour leur entrée au Reichstag, leur demander de s'associer à des revendications purement catholiques, revendications que MM. les ecclésiastiques seraient, du reste, toujours libres de produire plus tard. Les partisans, au nombre de sept, du programme adopté la veille par la réunion de l'hôtel de Russie soutinrent énergiquement ce programme ; puis, s'appuyant sur une étude que MM. Lauth et Teutsch avaient faite du règlement adopté par le Reichstag, ils montrèrent que très probablement le président de l'assemblée s'opposerait à la lecture d'un long mémoire n'aboutissant à aucune conclusion, tandis qu'il serait forcé d'admettre le dépôt d'une proposition succincte (*Antrag*), revêtue des signatures d'au moins quinze députés, chiffre de rigueur. Le déposant et ses collègues auraient ensuite la faculté de développer la proposition dans des discours, à une séance ultérieure.

Pour amener une conciliation que tout le monde souhaitait, M. Teutsch formula enfin le plan suivant : Il consentirait, ainsi que ses deux collègues du culte protestant, à signer la déclaration dont M. Winterer avait donné lecture ; mais cet acte devrait, au préalable, être soigneusement expurgé de toute allusion religieuse. Par contre, les quinze députés signeraient unanimement une courte proposition dont il restait à trouver la formule, proposition qui, déposée par M. Teutsch, serait en premier lieu défendue par lui-même et selon ses idées personnelles. D'autres députés pourraient ensuite prendre la parole à leur tour et soutenir la motion par tels arguments qu'il leur plairait.

Ce plan fut adopté, et les quinze députés alsaciens-lorrains, après s'être ainsi mis d'accord, quittèrent ensemble Francfort dans la soirée du 13 février, pour gagner Berlin.

Arrivés le lendemain matin au but de leur voyage, ils convinrent de se retrouver tous chez Mgr Ræss, le dimanche, 15 février, avant midi. Cette seconde réunion de la députation complète d'Alsace-Lorraine eut lieu à l'hôtel de Rome, à Berlin.

Dès l'ouverture de la séance, MM. les ecclésiastiques d'Alsace déclarèrent que, mieux informés, ils croyaient devoir renoncer à la lecture et au dépôt du mémoire dont il avait été question à la conférence de Francfort ; mais ils se réservèrent, bien entendu, de prendre, après M. Teutsch, la parole au Reichstag, lorsque serait développée la motion réglementaire dont il s'agissait encore d'arrêter les termes.

Une formule de proposition, ébauchée par M. Teutsch, fut immédiatement discutée et amendée, et l'on finit par adopter le texte ci-après, débutant par les mots consacrés qu'impose le règlement du Reichstag :

### Proposition Teutsch et consorts.

« Plaise au Reichstag décider :

« Que les populations de l'Alsace-Lorraine, incorporées sans leur consentement à l'Empire d'Allemagne par le traité de Francfort, seront appelées à se prononcer d'une manière spéciale sur cette incorporation.

« Berlin, le 16 février 1874. »

Le député appelé à prendre le premier la parole et ses quatorze collègues signèrent ce document dans l'ordre ci-après :

Teutsch, Dr Raess, Du Pont des Loges, Lauth, Hæffely, Dr Abel, Philippi, Germain, Winterer, Hartmann, Simonis, Sœhnlin, Guerber, Pougnet, Baron de Schauenburg.

Le lundi, 16 février, les représentants de l'Alsace-Lorraine firent leur première apparition aux séances du Parlement; M. Teutsch déposa aussitôt sur le bureau la proposition qu'il devait défendre et le président fixa les débats au surlendemain.

Ce jour-là, mercredi, 18 février, les quinze députés alsaciens-lorrains se retrouvèrent à leurs bancs. La séance fut ouverte à une heure et un quart, par M. de Forckenbeck, président. D'après les comptes rendus des journaux, les tribunes étaient remplies jusqu'à la dernière place. A la table du Conseil fédéral se trouvaient, entre autres, le Chancelier de l'Empire, prince de Bismarck, MM. Delbrück et de Kamecke. Le troisième objet à l'ordre du jour était la délibération sur la motion des députés du pays annexé. Dès l'ouverture de la séance, quelques-uns de ces députés, et notamment MM. Abel et Germain, déplorèrent que leur ignorance de la langue allemande dût les empêcher de soutenir, eux aussi, la motion sur laquelle M. Teutsch allait parler tout d'abord. On se concerta rapidement, et le député de Saverne déposa aussitôt sur le bureau une nouvelle proposition, signée par les quinze représentants de l'Alsace-Lorraine, et ainsi conçue :

### Proposition Teutsch et consorts.

« Plaise au Reichstag décider : que ceux des députés d'Alsace-Lorraine qui ignorent la langue allemande, pourront à la séance de ce jour s'exprimer en français. »

Lorsque les deux premières affaires à l'ordre du jour furent vidées, M. Teutsch, dans l'intérêt de ses collègues lorrains, pensa développer d'urgence la motion spéciale dont il vient d'être question; mais l'assemblée s'y opposa, et les députés non au courant de la langue allemande durent donc se priver de participer à la discussion.

Immédiatement après cet incident, le président donna à

M. Teutsch la parole, pour motiver la proposition capitale qu'il avait déposée le 16 février. Le député de Saverne prononça alors, en langue allemande, un discours dans lequel, fort de l'approbation que ses idées avaient rencontrée chez ses collègues, il crut pouvoir, le plus souvent, parler au nom de la députation entière ; mais l'exposé auquel il se livra n'en est pas moins dans toutes ses parties, et sans aucune restriction, son œuvre absolument personnelle.

## Discours de M. Teutsch.

« Messieurs,

« Les populations de l'Alsace-Lorraine, dont nous sommes les représentants au Reichstag, nous ont confié une mission spéciale et des plus graves, que nous avons à cœur de remplir sans retard. Elles nous ont chargés de vous exprimer leur pensée sur le changement de nationalité qui leur a été violemment imposé à la suite de votre guerre contre la France. L'Allemagne a intérêt à entendre l'exposé que nous voulons lui faire ; et nous osons compter, Messieurs, sur quelques instants de votre bienveillante attention.

« Votre dernière guerre, terminée à l'avantage de votre nation, donnait incontestablement à celle-ci des droits à une réparation. Mais l'Allemagne a excédé son droit de nation civilisée, en contraignant la France vaincue au sacrifice d'un million et demi de ses enfants. Au nom des Alsaciens-Lorrains, vendus par le traité de Francfort, nous protestons contre l'abus de la force dont notre pays est victime.

« Si, dans des temps éloignés et relativement barbares, le droit de conquête a pu quelquefois se transformer en droit effectif, si, aujourd'hui encore, il réussit à se faire absoudre, lorsqu'il s'exerce sur des peuples ignorants et sauvages, rien de pareil ne peut être opposé à l'Alsace-Lorraine. C'est à la fin du dix-neuvième siècle, d'un siècle de lumière et de progrès, que l'Allemagne nous conquiert ; et le peuple qu'elle réduit en esclavage, — car l'annexion faite sans notre consentement constitue pour nous un véritable esclavage moral, — ce peuple est un des meilleurs de l'Europe, celui peut-être qui porte le plus haut le sentiment du droit et de la justice.

« Arguërez-vous de la régularité du traité qui consacre la cession, en votre faveur, de notre territoire et de ses habitants? Mais la raison, non moins que les principes les plus vulgaires du droit, proclame qu'un semblable traité ne peut être valable. Des citoyens ayant une âme et une intelligence ne sont pas une marchandise dont on puisse faire commerce; et il n'est pas permis dès lors d'en faire l'objet d'un contrat. D'ailleurs, en admettant même, ce que nous ne reconnaissons pas, que la France eût le droit de nous céder, le contrat que vous nous opposez n'a pas de valeur. Un contrat, en effet, ne vaut que par le libre consentement des deux contractants. Or c'est l'épée sur la gorge que la France, saignante et épuisée, a signé notre abandon. Elle n'a pas été libre; elle s'est courbée sous la violence; et nos codes nous enseignent que la violence est une cause de nullité pour les conventions qui en sont entachées.

« Pour donner à la cession de l'Alsace-Lorraine une apparence de légalité, le moins que vous deviez faire, c'était de soumettre cette cession à la ratification du peuple cédé.

« Un célèbre juriconsulte, le professeur Bluntschli, de Heidelberg, dans son *Droit international codifié*, page 285, enseigne ceci :

« Pour qu'une cession de territoire soit valable, il faut la « reconnaissance par les personnes habitant le territoire cédé et « y jouissant de leurs droits politiques. Cette reconnaissance « ne peut jamais être passée sous silence ou supprimée; car les « populations ne sont pas une chose sans droits et sans volonté, « dont on transmet la propriété. »

« Le despote français lui-même, dont l'Alsace-Lorraine expie si cruellement la politique insensée, et que vous avez la prétention de dépasser en libéralisme, Napoléon III, joignait toujours à ses projets d'annexion l'idée de consulter les populations annexées. Rien de pareil ne nous a été accordé par vous.

« Vous le voyez, Messieurs, nous ne trouvons dans les enseignements de la morale et de la justice rien, absolument rien, qui puisse faire pardonner notre annexion à votre empire; et notre raison se trouve en cela d'accord avec notre cœur. Notre cœur, en effet, se sent irrésistiblement attiré vers notre patrie française. Deux siècles de vie et de pensée en commun créent, entre les membres d'une même famille, un lien sacré, qu'aucun argument et moins encore la violence ne sauraient détruire.

« Les ennemis de notre cause s'appliquent à répandre dans la presse et sans doute aussi dans l'enceinte de cette assemblée, l'opinion que l'Alsace-Lorraine a fait, aux élections du 1er février, une démonstration purement religieuse et catholique, et non une démonstration française.

« S'il est vrai que les vexations dont le clergé est la victime en Prusse et dont s'indignent nos catholiques d'Alsace-Lorraine, ont eu pour résultat d'amener sur vos bancs un si grand nombre d'honorables ecclésiastiques, connus pour leur patriotisme non moins que pour leur foi, nous n'en protestons pas moins unanimement contre l'interprétation qui nous occupe.

« Cette interprétation ferait en particulier sourire de dédain la fraction protestante et républicaine dont je fais partie, si nous n'y voyions une de ces manœuvres perfides, familières à certains de vos politiques, manœuvres qu'il est utile de dévoiler.

« En nous choisissant tous, tant que nous sommes, nos électeurs ont, avant tout, voulu affirmer leur sympathie pour leur patrie française et leur droit de disposer d'eux-mêmes.

« Pour consommer cette annexion qui, à nos yeux, est un acte inouï et que rien ne peut excuser, pour briser ainsi le cœur d'un million et demi d'hommes libres, sur quoi s'est appuyé l'Allemagne? Nous vous demandons la permission de le rappeler en peu de mots :

« 1° Elle nous a, par une amère dérision, revendiqués, comme étant des membres de sa famille à elle, comme étant ses frères. Or vous savez aujourd'hui, à n'en plus douter, que tout lien de famille entre vous et nous est rompu. Nous prisons, plus que personne, le principe de la fraternité des peuples; mais il nous sera impossible de voir en vous des frères, tant que vous refuserez de nous rendre à la France, à notre véritable famille.

« 2° L'Allemagne, pour nous annexer à son empire, a invoqué les usages de la guerre. Mais, nous vous l'avons dit déjà, un usage emprunté à des temps barbares n'a que faire à une époque de civilisation comme la nôtre.

« 3° Enfin, l'Allemagne a invoqué les besoins de sa défense contre une agression française. Mais elle eût pu, sans démembrer la France, atteindre ce but, en imposant à son ennemi vaincu le démantèlement des forteresses de l'Alsace-Lorraine.

« Il faut donc chercher dans l'ivresse de la victoire, et dans cette ivresse seule, la véritable cause de l'exorbitante prétention en vertu de laquelle nous sommes, aujourd'hui, des vassaux de votre empire. En cédant à cette ivresse, l'Allemagne a commis la plus grande faute, peut-être, qu'elle ait à inscrire dans son histoire.

« Il dépendait d'elle, après ses triomphes, de conquérir par sa générosité, non seulement l'admiration du monde entier, mais encore les sympathies de son ennemi vaincu, et surtout les nôtres, à nous, habitants de l'Alsace-Lorraine. Il dépendait d'elle d'amener un désarmement de l'Europe et de fermer, à tout jamais peut-être, l'ère sanglante des guerres entre peuples faits pour s'aimer. Il lui suffisait pour cela, s'inspirant du libéralisme que nous aurions supposé chez une nation aussi éclairée, de renoncer à toute idée d'agrandissement et de laisser intact le territoire français. L'Allemagne, à cette condition, devenait la plus grande et la plus estimée des nations, et s'élevait à une place sans égale parmi les peuples de l'Europe.

« Pour ne pas avoir suivi, en 1871, les conseils de la modération, que récolte-t-elle aujourd'hui? Toutes les nations de l'Europe se défient de sa puissance envahissante et multiplient leurs armements. Elle-même, pour maintenir cette chose vaine qu'on appelle le prestige guerrier, s'épuise en hommes et en argent. Et quelles sont, Messieurs, vos perspectives pour l'avenir? Au lieu de cette ère de paix et de fraternité des peuples que vous étiez maîtres d'inaugurer en 1871, vous entrevoyez, nous en sommes sûrs, avec le même effroi que nous, de nouvelles guerres, c'est-à-dire la ruine et la mort s'abattant de nouveau sur vos foyers.

« Croyez-nous, renoncez à cette politique qui nous anéantit, en même temps qu'elle compromet l'avenir de votre nation.

« Vous êtes forts et puissants aujourd'hui, et vous pourrez par conséquent nous donner satisfaction, sans faire, à votre point de vue, aucun sacrifice d'amour-propre. Rendez-nous, ainsi que nous vous le demandons, la libre disposition de nous-mêmes.

« Il est d'usage, hélas! lorsque, parmi vous, quelque homme généreux essaye, de temps à autre, d'élever la voix en faveur des peuples que vous opprimez, il est d'usage qu'on lui ferme instantanément la bouche, en l'accusant brutalement de trahison. Ne vous laissez plus, Messieurs, effrayer par cette injure, qui ne prouve absolument rien. Traîtres à leur patrie sont ceux qui, par une politique insensée, méprisant le droit et la justice, conduisent leur pays à sa perte, et non les honnêtes gens qui, pénétrés d'une injustice, d'où qu'elle vienne, ont le courage et la franchise de la signaler.

« Rendez-nous justice, Messieurs, nous oublierons alors trois années de souffrances pour ne plus songer qu'à votre noblesse de la dernière heure. Nous serons, de ce moment, unis à vous, comme peuple ami, par la seule fraternité qui soit solide et durable, celle qui se fonde sur l'estime. »

Ce discours avait, du commencement à la fin, été interrompu par de violentes clameurs, par des ricanements et par des marques d'impatience de l'assemblée.

Quand le député de Saverne fut descendu de la tribune, le président déclara la discussion ouverte ; et, à la vive surprise des collègues alsaciens-lorrains de Mgr Ræss, celui-ci s'empressa de prendre la parole, bien que son inscription n'eût jamais été régulièrement demandée.

« Messieurs, dit l'évêque de Strasbourg, pour éviter tout malentendu qui pourrait nous atteindre moi et mes coreligionnaires, je me crois obligé, dans ma conscience, de déclarer ce qui suit : Les Alsaciens-Lorrains de ma confession n'ont, en aucune façon, l'intention de mettre en question le traité de Francfort, conclu entre deux grandes nations. Voilà ce que j'ai voulu dire avant tout. »

MM. Winterer et Guerber, qui, eux, s'étaient fait inscrire dès la première heure, s'apprêtèrent à parler à leur tour ; mais le président les en empêcha, annonçant que trois députés venaient de demander la clôture de la discussion. Pour se conformer au règlement, il mit la clôture aux voix, et celle-ci fut prononcée. D'après le règlement encore, M. Teutsch fut invité à reprendre la parole, pour le cas où il le souhaiterait.

« Il a plu à l'assemblée, répliqua-t-il, de clore la discussion. Nous nous en rapportons à Dieu et au jugement de l'Europe ! »

La proposition des quinze députés d'Alsace-Lorraine ayant été mise aux voix, fut, à une immense majorité, alors, rejetée par assis et levé, sans qu'aucun de leurs adversaires leur eût fait l'honneur d'une réplique. Les signataires eux-mêmes, pour marquer l'impression pénible que leur avait faite l'accueil dédaigneux de l'assemblée, s'abstinrent de prendre part au vote et quittèrent la salle.

Pour maintenir à ces *Notes* le caractère que nous nous sommes proposé de leur donner, c'est-à-dire le caractère d'un simple récit, excluant toute discussion nouvelle de notre part, nous n'exprimerons pas notre sentiment sur la séance du Reichstag, du 18 février 1874; mais il nous paraît intéressant de montrer comment cette séance a été jugée par le seul organe indépendant qui, à notre su, existât alors dans la presse allemande. La *Gazette de Francfort*, dans son numéro du 20 février, s'exprimait ainsi :

« Ce n'est pas le silence, comme on aurait pu s'y attendre, qui a accueilli la protestation des députés alsaciens; c'est le bruit, ce sont des rires ironiques; oui, des rires ironiques contre un peuple de même sang, qui venait franchement et énergiquement défendre ses droits sacrés, ont accompagné la protestation! Un tel procédé n'a pas été national, parce qu'il n'a été ni humain, ni digne. *Parcere subjectis et debellare superbos,* telle devait être notre devise; il fallait ne pas oublier ce respect qui ne se refuse jamais au malheur, et que le vainqueur, surtout, doit toujours avoir pour le vaincu, s'il a souci de son honneur. Les Alsaciens-Lorrains sont les victimes de la politique honteuse de leur dernier empereur. Or en répondant par des vociférations et des clameurs ironiques à de telles victimes, lorsqu'elles gémissent sur leur sort et font appel à la justice des conquérants, on prouvait que l'on n'avait ni cette force ni cette dignité dont on se vante tant en Allemagne. »

Lorsque, à la séance du 18 février, l'évêque de Strasbourg faisait son étonnante déclaration et reniait sa signature apposée sur la proposition collective des députés d'Alsace-Lorraine, il obéissait à un mouvement tout personnel, ou plutôt il cédait aux suggestions de quelques députés allemands du centre, qui avaient réussi à s'emparer de son esprit. Aucun de ses collègues du pays annexé, sans en excepter Mgr Du Pont des Loges et MM. les prêtres d'Alsace, n'avait soupçonné son projet; et tous, mais surtout les députés du culte catholique, se montrèrent scandalisés de l'incident. Afin d'empêcher que l'opinion publique ne fût égarée par l'incartade de l'évêque de Strasbourg, on décida que les députés alsaciens-lorrains, surmontant leur répugnance, reprendraient, pour un instant, leur siège à la plus prochaine séance du Reichstag, et qu'un de leurs collègues catholiques y protesterait contre l'assertion hasardée de Mgr Raess. Le collègue désigné fut M. Pougnet, qui, à l'ouverture de la séance du 19 février, obtint la parole et s'exprima en ces termes :

« Messieurs, j'ai une observation à faire sur le procès-verbal. Il y est dit que M. le député Ræss, évêque de Strasbourg, a parlé au nom de ses *coreligionnaires ;* et je demande si ce mot a été réellement prononcé. Nous ne l'avons pas entendu. Mais si le procès-verbal est exact, je suis en état de déclarer que Monseigneur a parlé en son nom privé, et nullement au nom des députés catholiques d'Alsace-Lorraine. »

Les sept députés catholiques d'Alsace, qui semblaient faire cause commune avec l'évêque de Strasbourg, et auxquels, pour la circonstance, se joignit M. Abel, de la circonscription de Thionville, signèrent, en outre, la déclaration ci-après, qu'ils déposèrent entre les mains du président du Reichstag, chargé de la faire annexer au procès-verbal de la séance du 18 février.

« Nous appuyant sur l'article 56 du règlement, nous déclarons que, lors du vote sur la proposition de MM. Teutsch et consorts, nous sommes restés assis, non pour voter avec la majorité, mais pour nous abstenir, et que nous en avons agi ainsi, parce qu'on nous avait enlevé, par la clôture du débat, la possibilité d'expliquer notre situation à l'égard de cette question, et que, cependant, dans les explications des deux seuls orateurs de l'Alsace-Lorraine, auxquels on avait accordé la parole, nous ne saurions trouver un exposé suffisant de cette situation.

« L. Winterer, Sœhnlin, J. Simonis, Philippi, Baron de Schauenburg, Ch. Abel, Dr J. Guerber, L. Hartmann. »

Revenons encore à la journée du 18 février. Tous les députés d'Alsace-Lorraine, en exceptant, bien entendu, l'évêque de Strasbourg, se réunirent, vers le soir, à l'hôtel de Russie, pour échanger leurs impressions sur la séance du Reichstag. La réunion félicita M. Teutsch de la façon dont il avait rempli sa difficile mission et marqua unanimement la déception et la stupeur que lui avait causées la défection de l'évêque de Strasbourg. L'accueil absolument haineux que l'immense majorité du Reichstag avait fait à la députation du pays annexé, fut ensuite l'objet principal de la conférence ; et l'on admit unanimement que, dans un milieu aussi hostile, il serait impossible de jamais obtenir aucune concession pour l'Alsace-Lorraine. MM. Abel, Du Pont des Loges, Germain, Hæffely, Lauth, Pougnet, l'abbé Sœhnlin et Teutsch résolurent, en l'état de choses, de quitter le Parlement, tandis que MM. l'abbé Guerber, Hartmann, l'abbé Philippi, de Schauenburg et l'abbé Winterer prirent le parti de demeurer à Berlin et de retourner aux séances. Les députés du premier groupe se demandèrent, un instant, s'ils ne devaient pas collectivement donner leur démission et amener ainsi une nouvelle consultation du suffrage universel ; mais on abandonna cette idée. M. Teutsch demanda expressément, alors, que la retraite de son groupe fût, par un manifeste, annoncée et expliquée au corps électoral ; mais la majorité jugea inutile cette mesure, dont l'omission ne tarda pas à faire le jeu du parti autonomiste et finit par être généralement regrettée.

Le coup de théâtre de Mgr Ræss, à la séance du 18 février, excita d'abord, comme il fallait s'y attendre, une joie bruyante parmi les adversaires de M. Teutsch. Les premiers articles de la presse hostile taxèrent tout bonnement d'outrecuidance le député de Saverne, qui avait déclaré parler au nom de ses collègues et des Alsaciens-Lorrains de tous cultes. Le triomphe de ces détracteurs fut de courte durée. Bientôt des adresses de remerciements et de félicitations arrivèrent de tous côtés à M. Teutsch, et plusieurs furent, sans son concours, livrées à la publicité. Nous n'énumérerons pas ces adresses, qui dédommagèrent amplement le député de Saverne des injures dont il fut gratifié dans un autre camp; mais, parmi les documents en question, il en est un que nous devons nécessairement reproduire ici ; car, à lui seul, il suffit pour rétablir la vérité au sujet des sentiments que l'évêque de Strasbourg avait prêtés à ses coreligionnaires. Dès le 21 février 1874, cinquante prêtres de Strasbourg, formant la majorité du clergé catholique de cette ville, signèrent une lettre adressée au représentant protestant de l'arrondissement de Saverne, et qui était ainsi conçue :

« Monsieur le Député,

« Le clergé de Strasbourg, en communauté d'idées avec les catholiques de toute la ville, tient à honneur de vous remercier du patriotique discours que vous avez prononcé au Parlement allemand. Il vous félicite d'avoir si bien exprimé ses sentiments et désavoue tout ce qui, dans le dessein d'atténuer vos paroles, a été dit de contraire à votre motion.

« Strasbourg, le 21 février 1874. »

Cette lettre, conservée par M. Teutsch, reçut ensuite l'adhésion de nombreux notables catholiques de Strasbourg, qui laissèrent publier leurs noms dans les feuilles locales.

Au même instant et dans divers grands centres de l'Alsace, on signa des protestations dirigées contre M^gr^ Ræss. Deux de ces documents, rédigés au chef-lieu même de la circonscription électorale de l'évêque, sont surtout remarquables. L'une des protestations était conçue en termes si violents que l'autorité en défendit l'insertion dans les journaux ; mais voici, dans toute sa teneur, l'autre manifeste, signé à Schlestadt :

« Monseigneur,

« C'est avec une impression pénible et douloureuse que nous avons lu vos paroles, prononcées au Reichstag allemand, dans la séance du 18 février, par lesquelles vous vous êtes mis en contradiction avec la protestation que vous avez signée et le langage si noble et si élevé de M. le député Teutsch, qui s'est acquis toutes nos sympathies, en se rendant courageusement et dignement l'organe de nos sentiments, exprimés fidèlement dans son discours.

« Malgré la vénération que nous devons à votre grand âge, à la haute dignité ecclésiastique dont vous êtes revêtu, le souci de notre honneur et des sentiments les plus respectables que vous avez outrageusement blessés et méconnus dans une circonstance aussi solennelle, où votre ministère religieux devait vous porter à prendre la défense des droits les plus sacrés de l'humanité, immolés à la force matérielle, nous commande de vous déclarer hautement, et à la face de l'univers, qui a pu lire vos malheureuses paroles, aussi imprévues que contraires à ce que l'on attendait de vous, que les électeurs de votre circonscription vous désavouent formellement, et que ceux d'entre eux qui vous ont donné leurs suffrages vous retirent leur confiance.

« Schlestadt, le 20 février 1874. »

Dans la circonscription de Ribeauvillé, représentée par M. le curé Simonis, on répandit un imprimé ainsi conçu :

M. Simonis, député de notre circonscription au Reichstag, a adressé à M. le curé de la Madeleine la lettre suivante :

Salle du Reichstag, 20 février 1874.

« Je vous écris, à la gauche de Monseigneur, à qui j'ai mis votre dépêche sous les yeux ; c'est la deuxième que je lui montre.

« MM. Winterer et Guerber s'étaient fait inscrire d'avance pour la parole.

« Monseigneur alla au pied de la tribune pour bien comprendre M. Teutsch.

« Celui-ci ayant fini au milieu d'un tumulte extraordinaire, le président annonce que Monseigneur a la parole.

« Nous ouvrons des yeux tout grands. Nous écoutons.....

« La clôture est mise aux voix et prononcée. Winterer fait des efforts désespérés pour arriver à la parole. Pas moyen. Le président la lui refuse de la façon la plus insolente.

« On vote sur notre proposition. Les Polonais, Sonnemann, Kruger, Ewald se lèvent pour nous appuyer. Nous-mêmes restons assis.

« Le soir nous étions bien embarrassés. Nous rédigeâmes un projet pour désavouer l'évêque. Voici ce qui fut fait : Pougnet monta hier à la tribune pour déclarer que Monseigneur n'avait parlé qu'en son nom.

« Nous sept et un des Lorrains, nous signâmes une déclaration, pour être jointe au procès-verbal, afin d'expliquer notre abstention du vote.

. . . . . . . . . . . . . . . . . . . . . . . . . . .

« Nous avons, de plus, fait nos représentations à Monseigneur, qui, là-dessus, a rédigé une note qu'il nous a fait lire, et dont voici le résumé : 1° M^gr^ l'évêque de Strasbourg n'a pas reconnu purement et simplement le traité de Francfort, puisqu'il a signé la motion contre ; 2° il n'en a pas non plus contesté l'existence ni nié quelques conséquences légales, puisque nous les subissons. Mais il ne l'a pas reconnu simplement, puisque nous sommes venus ici pour protester contre et en atténuer les effets. Monseigneur vient de me dire qu'il formulera ses réserves dans un prochain discours.

« La motion a été enterrée, comme nous pouvions nous y attendre; seulement M. Jœrg (*c'est le nom d'un député du centre catholique*) nous a déclaré qu'il n'eût jamais cru qu'on pourrait le faire d'une manière aussi......

« Comptez que les Prussiens auront maintes occasions d'entendre les protestations des Alsaciens-Lorrains.

« Nous sommes tous d'accord ; nous tenons à maintenir le champ de bataille.

« Votre dévoué,

« SIMONIS. »

Ces explications, fournies par un des ecclésiastiques mêmes appartenant à la députation alsacienne, achèvent de montrer la désapprobation que l'évêque de Strasbourg rencontra non seulement parmi les catholiques, au nom desquels il s'était permis de parler, mais encore parmi les députés du même culte qui semblaient l'avoir choisi pour guide, et dont quelques-uns, comme prêtres, lui devaient l'obéissance hiérarchique.

A partir de la séance du 18 février 1874 et pendant les trois ans que dura le mandat du Reichstag, la députation d'Alsace-Lorraine fut divisée en deux groupes principaux, qui, tout en se souvenant avec sympathie de leur accord des premiers jours, poursuivirent des voies différentes et ne se fondirent plus jamais en une réunion unique. Dans le groupe qui, en février 1874, avait plus particulièrement soutenu M. Teutsch, les relations, par contre, se maintirent jusqu'à la fin tout à fait cordiales et l'on eut de fréquentes conférences. Le moment n'est pas venu encore de raconter les efforts très sérieux, mais malheureusement stériles, que M. Teutsch et quelques-uns de ses collègues tentèrent, au cours de leur mandat, pour donner une suite à leur campagne de 1874.

Vers la fin de 1876, le Reichstag fut dissous, et de nouvelles élections furent fixées au 10 janvier 1877. Une partie des députés alsaciens-lorrains de 1874, et parmi eux M. Teutsch, crurent devoir refuser toute nouvelle candidature. A la veille du scrutin, MM. Abel, Germain, Hæffely, Lauth et Teutsch firent leurs adieux aux électeurs dans un manifeste dont la rédaction avait été confiée à M. Germain et que nous reproduisons ci-après :

*A Messieurs les électeurs des circonscriptions de Mulhouse, Sarrebourg-Château-Salins, Saverne, Strasbourg (ville) et Thionville-Boulay.*

« Chers concitoyens,

« Le Reichstag est dissous !

« Envoyés, il y a trois ans, au Parlement de Berlin, pour y apporter l'expression des vœux unanimes des populations de l'Alsace et de la Lorraine, nous avons accompli notre devoir, en protestant, du haut de la tribune et devant l'Europe, contre l'annexion de notre pays à l'empire allemand.

« Les triomphes de la force matérielle, quelque puissants qu'ils soient, restent subordonnés aux règles de la justice et du droit moderne, qui seules peuvent en atténuer les effets et en sanctionner les résultats. Tels sont les principes de droit international, généralement reconnus par les nations européennes.

« Ces principes indiscutables, nous les avons affirmés, en demandant au Reichstag que les populations françaises cédées en vertu du traité de Francfort fussent appelées à se prononcer librement sur le fait de leur incorporation à l'empire d'Allemagne.

« L'accueil absolument hostile fait à vos députés, leur traça la ligne de conduite qu'ils ont suivie et qui était la plus conforme à votre dignité. Peu de temps après, on nous faisait, du reste, du haut de la tribune, par l'organe du représentant le plus autorisé du gouvernement impérial, une déclaration qui eût fait disparaître nos dernières illusions, s'il avait pu nous en rester encore.

« L'Alsace-Lorraine », a dit le prince de Bismarck, « a été « saisie dans le but unique de constituer un rempart à l'Alle- « magne. » Par le fait de la conquête, nous sommes passés à l'état de machine de guerre; et l'Allemagne n'a pas à s'inquiéter du sort des habitants des territoires cédés. C'est ainsi qu'en plein XIX^e^ siècle, le droit des nations est respecté!

« Mais la pratique, cette fois, nous devons le reconnaître, est restée conforme à la théorie; car aujourd'hui, comme au lendemain de la conquête, les destinées d'une population sage, laborieuse, soumise aux lois, dépendent uniquement de la tolérance de fonctionnaires étrangers. D'institutions politiques il n'en existe pas pour nous; la dictature nous régit; et, pour peu qu'elles marquent un progrès, les lois que vote le Parlement restent inappliquées à l'Alsace-Lorraine. Dans la discussion des affaires qui intéressent spécialement le pays annexé, affaires qui, selon les principes d'un gouvernement tant soit peu libéral, devraient être réglées par ce pays seul, vos députés n'ont qu'une autorité illusoire; ils sont bien tolérés comme les hôtes du Parlement; mais, d'après les déclarations qui leur ont été faites du haut de la tribune, ils n'auront le droit de se considérer comme membres de la famille que quand, par l'abdication de leurs droits et leur attitude absolument soumise, ils se seront rendus dignes d'une aussi grande faveur.

« Vous ne vous étonnerez pas après cela, Messieurs, si les députés du parti de la protestation, interprètes fidèles des sentiments de leur pays, ont refusé jusqu'à ce jour de prendre part aux délibérations du Reichstag.

« Chers concitoyens !

« Notre tâche est accomplie; et en prenant congé de vous, nous ne pouvons qu'affirmer, une fois de plus, les principes de droit, de justice et d'humanité dont nous avons été les organes.

« Arrivés aujourd'hui au terme de notre mandat, nous vous rendons absolument intacts les droits de nationalité dont vous aviez confié à notre patriotisme la garde et la défense.

« 23 décembre 1876.

« H. Hæffely (député sortant de Mulhouse), Ch. Germain (député sortant de Sarrebourg-Château-Salins), Ed. Teutsch (député sortant de Saverne), E. Lauth (député sortant de Strasbourg-ville), Dr Ch. Abel (député sortant de Thionville-Boulay). »

M. l'abbé Sœhnlin, député de Colmar, adhéra à ce manifeste par une déclaration rendue publique.

Les sentiments les plus nobles et les plus purs restent incompris pour certaines gens, dont les regards égoïstes, obstinément fixés sur la boue terrestre, sont incapables de se retourner vers les régions sereines du patriotisme et du désintéressement. C'est ainsi que l'attitude des premiers députés d'Alsace-Lorraine et plus particulièrement le discours de M. Teutsch, prononcé, le 18 février 1874, à la tribune du Parlement allemand, furent, dans une certaine presse, ravalés et traités comme le résultat tout naturel d'un mot d'ordre venu de France. Pour les détracteurs auxquels nous faisons allusion, Gambetta, l'ancien chef de la Défense nationale, avait dû nécessairement inspirer M. Teutsch, autrefois son collègue à l'Assemblée de Bordeaux. Le moment nous paraît venu de mettre un terme à cette légende. C'est à son inspiration toute personnelle que le député de Saverne a obéi pendant sa campagne politique de 1874. Après son départ de Bordeaux, en 1871, et sauf pour sa protestation du 27 octobre 1873, envoyée au président de l'Assemblée nationale à Versailles, il rompit toute relation politique avec ses anciens collègues français; jamais il ne conféra avec eux au sujet des affaires d'Alsace-Lorraine; et lorsque, pour la première fois, il revit Gambetta, il avait cessé de représenter l'Alsace-Lorraine au Reichstag. Pour corroborer cette affirmation, nous citerons le fait suivant :

Le 31 juillet 1875, M. Teutsch, installé pour plusieurs semaines à Enghien-les-Bains, près de Paris, s'était, en excursion, rendu à Versailles et y avait, comme étranger, assisté à une séance de l'Assemblée nationale. Le surlendemain, 2 août, il eut l'honneur, tout imprévu, de recevoir, à Enghien, la visite d'un de ses anciens collègues, qui lui apporta, de la part du président de l'Union républicaine à l'Assemblée nationale, une lettre ainsi conçue :

ASSEMBLÉE NATIONALE

« 2 août 1875.

« Monsieur,

« L'Union républicaine s'est réunie aujourd'hui et a appris, par notre collègue et ami S....., que vous assistiez à la séance de samedi dernier. Je suis chargé, par notre groupe, de vous exprimer les regrets de n'avoir pu vous recevoir, et de vous demander de lui donner l'occasion de saluer, en vous, le digne représentant de l'Alsace française.

« L'Union républicaine a décidé qu'elle se réunirait exceptionnellement demain, à une heure, au palais de Versailles; elle espère que vous voudrez bien vous rendre à l'invitation que je vous adresse, en son nom, d'honorer de votre présence cette séance, qu'elle désire vous consacrer.

« Veuillez agréer, Monsieur, l'expression de mes sentiments très sympathiques.

« Laurent Pichat,

« président de l'Union républicaine. »

« *Monsieur Teutsch, ancien député, à Enghien.* »

A l'offre si flatteuse et si honorable qui lui était faite par un des groupes les plus importants de l'Assemblée nationale, M. Teutsch répondit, le soir même, dans les termes ci-après :

« Enghien-les-Bains (Hôtel des Quatre-Pavillons), le 2 août 1875.

« Monsieur le Président et cher ancien collègue,

« Je suis vivement touché du témoignage de sympathie si flatteur que vous me donnez au nom de l'Union républicaine.

« Si je ne suivais que l'impulsion de mon cœur, je me rendrais avec empressement, demain, à votre bonne invitation, et je serrerais avec effusion les mains que veulent bien me tendre d'anciens collègues, que j'honore et qui me sont chers à tant de titres. Je leur dirais de vive voix combien m'est précieux le souvenir de l'affection toute particulière que, lors des lugubres journées de Bordeaux, ils ont montrée à leurs malheureux frères d'Alsace-Lorraine. Je les remercierais d'avoir conservé cette affection à mon pays. Je leur transmettrais, enfin, mes vœux chaleureux pour la consolidation, en France, du régime républicain, qu'ils défendent et que, sans nos malheurs, je serais si heureux, aujourd'hui, de défendre moi-même à leurs côtés.

« Mais veuillez me pardonner, Monsieur le Président, de résister à ce premier élan et de m'en remettre à vous du soin de traduire mes sentiments à vos honorables collègues de l'Union républicaine. Vous savez à quelle tâche ardue je me voue en ma nouvelle qualité de député au Parlement allemand. L'accomplissement de cette tâche exige, au moment actuel, une grande prudence. Or, je vous le dis en toute franchise, je jugerais imprudent d'aller, moi annexé et l'un des représentants attitrés de la protestation alsacienne-lorraine, participer à une réunion *officielle* de députés français. Dans cet acte, quelque innocent qu'il paraisse au premier abord, je verrais un certain danger, non pas pour ma personne, — ce qui me serait indifférent, — mais pour votre pays que j'aime, et qui, en attendant la guérison de ses blessures, ne saurait assez se méfier, en toutes occasions, de la surveillance qu'exerce sur lui la police ombrageuse de Berlin.

« Veuillez, Monsieur le Président et cher ancien collègue, agréer, pour vous et pour les honorables membres de votre groupe, l'expression de ma reconnaissance et de mon dévouement fraternel.

« Édouard TEUTSCH,

« Ancien député du Bas-Rhin à l'Assemblée nationale. »

« *Monsieur Laurent Pichat, député, président de l'Union républicaine.* »

L'Union républicaine comprit la pensée généreuse de M. Teutsch, et le président du groupe voulut bien, le 6 août, le remercier par une lettre ainsi conçue :

ASSEMBLÉE NATIONALE

« Vendredi, 6 août 1875.

« Monsieur et cher ancien collègue,

« J'ai reçu votre précieuse lettre. Je n'ai pu la communiquer à l'Union républicaine, dispersée par les vacances. Chacun se hâte de retourner dans son département. Dès la première séance et avant tout, je lirai cette lettre à mes collègues, et je puis vous assurer qu'ils en seront touchés et reconnaissants.

« Vous avez eu absolument raison, et je voudrais pouvoir aller vous le dire moi-même, à Enghien ; mais je pars pour la campagne, où je vais prendre quelques jours de repos.

« Veuillez agréer mes regrets, Monsieur et cher ancien collègue, ainsi que l'assurance de ma bien vive sympathie.

« Laurent Pichat,
« député de la Seine,
« président de l'Union républicaine.

« *Monsieur Ed. Teutsch, ancien député du Bas-Rhin à l'Assemblée nationale, Hôtel des Quatre-Pavillons, à Enghien-les-Bains (Seine-et-Oise).* »

En 1879, cinq ans après son élection au Reichstag allemand et deux ans après l'expiration de son mandat de député, M. Teutsch sollicita et obtint sa réintégration dans la qualité de Français.

www.ingramcontent.com/pod-product-compliance
Lightning Source LLC
LaVergne TN
LVHW010054230826
846091LV00005B/1934

*9782013656092*